AF473169

A. CHARLES DE LA VALENTINE

LE BONHEUR DE LA FRANCE

DANS

LE PRÉSENT ET DANS L'AVENIR

PAR

L'ÉTENDUE DE SA PUISSANCE AU DEHORS
POUR LE DÉVELOPPEMENT DE SON COMMERCE ET DE SON INDUSTRIE,
L'AGRICULTURE,
LE RESPECT ET LA FORCE DE L'AUTORITÉ AU DEDANS,
LA VRAIE LIBERTÉ, LA RELIGION
ET LA SOLUTION DU GRAND PROBLÈME DE LA QUESTION SOCIALE
POUR LE BIEN-ÊTRE DES CLASSES LABORIEUSES.

Un gouvernement ne peut être grand et fort qu'en s'appuyant sur le patriotisme et la vertu.

Il faut donc combattre la paresse qui dégrade, et chercher à faire disparaître la misère qui avilit.

Cette brochure se vend **1 franc** *au profit de la fondation d'un asile de jour et de nuit pour les malheureux des deux sexes, sans travail, sans ressources et sans domicile.*

PARIS

Bureau et dépôt général des brochures, chez MM. A. Cotillon et Cie, éditeurs, 24, rue Soufflot, et en vente chez tous les libraires.

1883

Paris, le 20 avril 1883.

La brochure : *Le Bonheur de la France*, se vend sous forme de souscription, pour la fondation d'un asile de nuit et de jour en faveur des malheureux des deux sexes, sans travail, sans ressources et sans domicile, dont le nombre est considérable à Paris.

L'administration de l'asile leur distribuera une soupe le matin et une le soir, s'occupera de leur procurer de l'ouvrage et facilitera le retour dans leur pays à ceux qui en feront la demande.

Ce sera en attendant que le Gouvernement fasse adopter et résoudre par la loi du devoir et du droit social le grand problème qui doit bannir à tout jamais la misère du territoire de la France, et dont la présente brochure contient les principales dispositions.

Toutes les personnes qui la prendront seront inscrites sur un Grand-Livre et considérées comme ayant participé à la fondation de cette Œuvre d'humanité.

Elle sera envoyée dans toutes les villes, cantons et communes de la France, car parmi les malheureux que Paris renferme, la majeure partie appartient à la province.

Tous les départements contribueront ainsi à cette bonne œuvre.

FRATERNITÉ

INVOCATION

O admirable et sublime fraternité! accueille et réchauffe sur ton sein l'enfant qui vient de naître; guide son esprit et son cœur dans son adolescence; devenu homme, soutiens ses pas dans le rude chemin de la vie, et ne t'en sépare qu'au jour où, après avoir protégé sa vieillesse, tes larmes se seront mêlées à l'onde consacrée qui purifie la tombe!....

LE BONHEUR DE LA FRANCE

dans le présent et dans l'avenir

PAR

LA SOLUTION DU GRAND PROBLÈME DE LA QUESTION SOCIALE

POUR LE BIEN-ÊTRE DES CLASSES LABORIEUSES.

Un gouvernement ne peut être grand et fort
qu'en s'appuyant sur le patriotisme et la vertu.
Il faut donc combattre la paresse qui dégrade
et chercher à faire disparaitre la misère qui avilit.

CHAPITRE PREMIER.

LE PRÉSENT ET L'AVENIR.

La France reprend aujourd'hui de nouveau sa marche à travers les siècles. Des jours heureux luiront de nouveau pour elle ; et sa gloire, que l'on a cru éclipsée à jamais, brillera bientôt d'un nouvel et plus vif éclat.

Elle est encore redevenue cette nation prédestinée, le point de mire de toutes les autres puissances de l'Europe.

Ce petit coin du monde que tous les Etats convoitent, dont tous sont jaloux, avec quelle joie en 1870 aurait-on voulu le voir écraser, anéantir comme la Pologne, pourquoi ? parce qu'il renferme un grand peuple, une grande nation qui deviendra encore la maîtresse du monde, pourvu que ceux qui la dirigent actuellement et ceux qui plus tard seront appelés à la diriger, sachent comprendre le rôle important qu'elle doit y jouer. Pour atteindre ce but et maintenir à l'extérieur le nom de la France à la hauteur de sa renommée, et à l'intérieur lui procurer la paix et la sécurité, il faut des hommes qui, animés d'un dévouement patriotique, comprennent la nécessité d'une direction unique et ferme, pour conduire la nation vers l'accomplissement de ses belles destinées qui sont aussi les destinées de l'Europe et de l'Univers éclairé, lesquelles se modèlent sur la France, car l'histoire de notre patrie, c'est l'histoire de l'humanité.

Qu'il me soit permis de payer ici un juste tribut d'hommage à tous ceux qui, sur une mer agitée par la tempête, au milieu d'écueils de tout genre, sont parvenus néanmoins à ramener le vaisseau de l'Etat dans des eaux plus calmes et à le conduire au port.

Que de choses et que de grandes choses ont été faites depuis douze ans pour effacer et faire disparaître la trace des évènements de 1871, au point qu'ils nous apparaissent aujourd'hui comme un rêve. Energie et prudence, prévoyance et courage, travail opiniâtre, toutes les vertus civiques ont rayonné sur l'œuvre du relèvement de la patrie. Si ces hommes de cœur ont fait quelques fautes inséparables de la faiblesse humaine, comment ne pas les oublier dans l'ensemble des faits? Que de chemin parcouru depuis cette date fatale; mais aussi que de chemin il reste à parcourir encore pour arriver à l'accomplissement de tous nos vœux, de toutes nos espérances!

Si en contemplant la route accomplie, nous éprouvons le besoin de nous reposer un instant, que ce repos ne soit que le prélude d'une marche plus rapide pour arriver au but suprême, c'est-à-dire au couronnement de la République par la grandeur, la gloire et la prospérité de la France, le bien-être des travailleurs, l'indépendance des nations et le progrès de l'esprit humain.

CHAPITRE II.

LA FRANCE. — SA DOMINATION. — SON PROTECTORAT ET SON INFLUENCE AU DEHORS.

Sous le régime bienfaisant des institutions libérales, ses colonies deviendront florissantes et prospères. Par la puissante impulsion de la vapeur, les distances aujourd'hui disparaissent et les peuples se rapprochent pour échanger les témoignages de la paix, de la fraternité et de la concorde en même temps que les richesses du sol et les produits de leur industrie.

La parole, aussi prompte que l'éclair, traverse le monde,

et sur quelque point que l'étranger porte ses pas, il peut entendre résonner autour de lui la langue de la mère patrie. Des régions nouvelles non encore explorées s'ouvrent chaque jour au progrès de la civilisation.

Le réveil spontané qui en ce moment se manifeste dans la nation vers ces régions nouvelles, afin d'ouvrir de nouveaux débouchés à ses produits et de nouvelles relations à son commerce, le projet pour la création d'un ministère des colonies et le développement que l'on veut donner à la colonisation de l'Algérie par la création sur son territoire de quatre-cent-quatre-vingt-sept villages nouveaux, sont les indices d'une ère nouvelle qui va s'ouvrir pour elles et qui permettra au Gouvernement d'étendre et de développer dans certaines de nos colonies sa domination et son protectorat.

Si nous jetons un coup d'œil sur ce qui se passe autour de nous, que voyons-nous ?

L'Angleterre marchant sans s'arrêter un seul jour à l'envahissement et à l'exploitation du monde, ayant actuellement sous sa domination et son protectorat au dehors plus de cent quarante millions d'âmes.

La Russie, pénétrant au centre de l'Asie jusqu'aux frontières de la Chine qu'elle menace d'absorber peu à peu.

L'Allemagne, reconnaissant qu'une nation n'est grande que par l'étendue et l'importance de ses colonies, vote des fonds pour l'exploration de l'Afrique centrale afin d'être la première à l'occuper.

L'Autriche préparant sa marche vers Salonique qu'elle convoite.

L'Italie n'ayant pu avoir Tunis, voudrait la Tripolitaine, pendant que l'Espagne jette aussi des regards de convoitise sur le Maroc.

Toutes les grandes puissances de l'Europe tendent en ce moment à élargir le cercle de leur domination et de leur influence au dehors pour le développement de leur force, de leur industrie et de leur commerce.

La France ne doit pas rester stationnaire dans ce mouvement universel ; après avoir été une des premières à parcourir les grandes artères du monde, elle doit suivre sa voie sans se lasser. Un peuple organisé comme est le nôtre, disposant d'un énorme capital, ne peut consommer tous les produits de son industrie ni trouver dans les limites de son territoire, l'emploi de ce grand capital. Aussi a-t-on vu la France s'intéresser à l'entreprise exécutée en majeure partie par elle, des chemins de fer de presque toute l'Europe. Dans toutes les entreprises à l'étranger, le capital français figure au premier rang.

Si donc nous voulons voir se continuer ce mouvement

de prospérité nationale, il est important que nos usines, nos manufactures et nos fabriques ne chôment pas, que notre commerce ne languisse pas. Il faut chercher sans relâche pour nos produits des consommateurs à l'étranger : des centaines de millions d'habitants en Afrique, en Asie, en Amérique et dans l'Océanie ne les connaissent pas encore.

Les Anglais, les Américains, les Allemands et les Italiens vont se les disputer. Nous ne devons pas ignorer que l'industrie et le commerce ont fait de rapides progrès chez toutes les nations de l'Europe et dans les Etats-Unis d'Amérique; que la concurrence étrangère ne cesse pas de nous livrer tous les jours de rudes assauts à cet égard; qu'elle ne recule devant aucun sacrifice pour développer son influence iudustrielle et commerciale et que tous les moyens lui sont bons pour atteindre ce but. Le prestige de notre nom, de notre marque, sont exploités sur quelques points à l'étranger, et même, au rapport de voyageurs dignes de la plus haute confiance, l'étiquette française est apposée subrepticement sur des produits d'origine étrangère, dans le but de les faire accepter comme produits français.

Si notre commerce d'exportation semble décroître, c'est que nous manquons de renseignements précis et utiles pour écouler à propos nos produits à l'étranger. Nos agents consulaires, en effet, ne s'occupent pas assez des intérêts de notre commerce et de notre industrie, à ce point de vue. Cependant ils pourraient nous être d'une grande utilité en nous fournissant de précieux renseignements dont nous pourrions profiter pour combattre la concurrence étrangère.

Espérons que le Gouvernement français tenant enfin compte des réclamations qui depuis un certain temps lui sont adressées, soit directement, soit par la voie de la presse, réorganisera notre système consulaire sous ce rapport, et qu'il établira au ministère des affaires étrangères, à celui du commerce ou au futur ministère des colonies, un centre de renseignements que nos industriels et nos commerçants pourront consulter à loisir et à volonté.

Secouons donc cette apathie qui nous empêche de sortir de la routine! Mettons entièrement de côté cet amour-propre qui nous porte à croire que nul ne peut mieux faire que nous! N'attendons pas que le Gouvernement prenne l'initiative; entrons nous-mêmes et promptement dans la voie de l'initiative privée! Encourageons par tous les moyens possibles nos intrépides explorateurs qui travaillent sans relâche et sans trêve à nous conquérir un monde nouveau, qui exposent leur vie, affrontent tous les dangers, dans le seul but d'être utile à leur patrie et à leurs concitoyens. Nous en avons un exemple palpitant d'actualité dans la personne de M. Savorgnan de Brazza qui vient d'offrir à la France la possession d'un contrée importante, fertile et saine, qu'il a conquise sans combat et sans armes, malgré l'opposition systématique et intéressée des Anglais.

Tout peuple qui, dans la marche de l'humanité, reste immobile, est bientôt dépassé par ses voisins ; et tandis que ceux-ci ne cessent de grandir et de se développer, lui s'étiole et s'éteint.

Ne nous laissons pas distancer par nos rivaux, n'oublions pas que nous avons l'avance sur eux et efforçons-nous de la maintenir à tout prix.

Par la Cochinchine et le Tonkin, nous ouvrirons à notre commerce et à l'écoulement de nos produits, la grande route de la Chine centrale qui compte une population de plus de cinq cent millions d'habitants.

Par la Guyane française, on peut se frayer un chemin vers le centre de l'Amérique équatoriale et arriver jusqu'aux bassins de l'Amazone et de ses nombreux affluents exploités uniquement aujourd'hui par nos voisins d'Outre-Manche et par les Allemands.

C'est surtout en Afrique que la France, devenue par la force des choses la première puissance dans cette région, est appelée à jouer le plus grand rôle. Elle doit étendre un jour sa domination des rivages du Nil à l'est, jusqu'à l'Océan atlantique à l'ouest, et pénétrer, par le Sénégal et le Gabon, au centre même de ce grand continent.

La Tunisie et le Maroc ont toujours été le foyer des soulèvements qui se sont produits en Algérie, les massacres récents de Saïda qui ont si profondément troublé sa tranquillité, au point d'amener l'émigration de ses meilleurs colons vers leur mère-patrie n'est que le prélude de ce qui arrivera encore infailliblement. Nous ne dompterons le fanatisme musulman que par la domination et l'occupation de tous les Etats barbaresques du Nord de l'Afrique. C'est seulement par ce moyen que nous assurerons à notre belle colonie de l'Algérie qui est une seconde France, sa prospérité et sa tranquillité.

Si, à l'époque du bombardement de Tanger, de Mogador, et de la bataille d'Isly, gagnée par le maréchal Bugeaud sur l'armée marocaine pendant le règne de Louis-Philippe, le Gouvernement se fût montré fort, le Maroc appartiendrait actuellement et sans conteste à la France, mais la jalouse Angleterre appréhendant une rivale en face de Gibraltar montra les dents, et Louis-Philippe eut peur.

La France, aujourd'hui, n'est pas un gouvernement

d'aventure. C'est un gouvernement légitime que la nation elle-même s'est donnée librement.

L'occupation de la Tunisie est un commencement d'exécution du programme que je viens de tracer de la marche à suivre sur l'Afrique. L'opposition, jalouse de voir la France républicaine étendre sa domination, s'est efforcée de démontrer que cette occupation était une faute, un danger même pour la patrie; qu'elle a été faite dans un but de spéculation pour favoriser certaines entreprises; qu'elle sera une tombe pour ses soldats et un gouffre pour ses finances.

Si le gouvernement de la République française commet encore des fautes dans le genre de celle de la Tunisie, je lui prédis des jours heureux longs et prospères, et une influence prépondérante sur le monde entier.

L'occupation de la Régence de Tunis a montré aux puissances de l'Europe que la France, bien que républicaine, n'a pas perdu le sentiment de sa force et qu'elle s'en servira quand ses intérêts et ses droits seront menacés. Les étrangers qui l'habitent jouiront, sous le protectorat de la France, d'une tranquillité et d'une sécurité beaucoup plus grandes. Elle favorisera les sociétés qui avaient pour but de grandes concessions de terrains pour l'exploitation agricole de ce sol fertile.

De grands travaux de chemins de fer s'exécuteront, ainsi que l'agrandissement et l'amélioration des ports de Tunis et de Bizerte, le percement de l'isthme de Gabès, l'exploitation des alfas, produit avantageux d'un traitement industriel facile; ce sera un bienfait réel pour les populations laborieuses de ces contrées.

La France veut détruire la barbarie et le fanatisme de ces peuples, y faire briller le flambeau de la civilisation et ouvrir au commerce du monde entier ces belles et riches contrées du nord de l'Afrique qui se trouvent placées par les moyens rapides de communication aux portes mêmes de la France.

Sous le rapport stratégique, Tunis deviendra dans un avenir prochain un port militaire très important, surtout en cas de guerre avec l'Italie; on peut, en effet, en quelques heures, débarquer de là en Sicile un corps d'armée formidable.

L'Italie savait bien ce qu'elle faisait en voulant écarter l'influence de la France à Tunis, et la politique qu'elle a suivi depuis l'occupation jusqu'à ce jour prouve d'une manière claire et évidente que les intentions du gouvernement italien étaient de s'emparer de la Régence de Tunis.

Le gouvernement de la République française a déjoué par un coup de main hardi, toutes les vues de l'Italie sur la Régence, et nous Français qui aimons la grandeur, la gloire et la prospérité de notre chère patrie nous devons nous en réjouir sincèrement.

Pour ce qui est de la Tripolitaine, nous pouvons prédire à l'Italie que si elle doit être occupée un jour elle ne le sera que par la France.

Depuis les évènements de 1870, chaque fois que la France a voulu défendre à l'étranger ses droits méconnus, son influence menacée, étendre sa domination ou établir son protectorat sur des contrées nouvelles dans l'intérêt de la sécurité de ses colonies, du développement de son commerce et de son industrie, des contestations ont aussitôt surgi et surgissent encore de la part de certaines puissances européennes. Il semblerait que nous ayons perdu le droit de nous faire respecter et d'agir comme les autres.

Cependant les temps ne sont pas tellement éloignés où la France tenait entre ses mains les destinées de l'Europe. Son organisation militaire à cette époque, était loin d'offrir les avantages qu'elle possède aujourd'hui. Sa population était moins considérable.

La France avec ses colonies, représente actuellement une population de plus de cinquante millions d'âmes. Avec sa nouvelle organisation militaire, dans moins de trois ans, à dater de ce jour, tous les Français depuis l'âge de quatorze ans jusqu'à quarante ans sauront manœuvrer et porter les armes. Avec les ressources pécuniaires dont elle dispose, dans un intervalle de moins de deux mois, elle pourra mettre sur le pied de guerre plus de trois millions d'hommes exercés et formés à la tactique militaire, assouplis par la discipline, rompus aux fatigues, en un mot prêts à combattre.

Pourquoi enfin cette opposition systématique et sourde qui se produit contre nous? L'avons-nous exercée, d'ailleurs, vis-à-vis des autres puissances? Non, jamais.

On peut s'assurer sans peine que, sous le rapport de la politique etrangère, le gouvernement français est celui qui conserve encore dans ses relations avec les autres puissances le plus de loyauté, de franchise et de bonne foi. Il ne prend jamais les chemins détournés pour arriver au but qu'il se propose d'atteindre. Ses représentants à l'étranger ne sont ni des espions ni des agents provocateurs : ils n'intriguent pas, et ne tracassent personne.

Souvent au contraire le gouvernement a été dupe de ses bonnes intentions. Les événements de Tunis et de Madagascar sont une preuve de la non réciprocité de procédés de la part de certaines puissances à son égard.

Sans abdiquer son amour chevaleresque pour le triomphe

des grandes causes, la France a assez de prépondérance extérieure pour faire entendre aujourd'hui sa voix dans les conseils de l'Europe, autrement que par la voix du canon. Elle est assez forte pour imposer sa volonté lorsque ses intérêts et la sécurité de ses colonies exigent des actes comme ceux de la Tunisie, du Tonkin, de Madagascar et du Congo.

Elle n'a de compte à rendre à personne, surtout lorsque ses actes ne portent atteinte aux droits d'aucun gouvernement et sont un bien pour la civilisation et le commerce de toutes les nations.

Quand l'Angleterre a étendu sa domination dans l'Inde, sommes-nous intervenus? Quand, dernièrement, elle a occupé l'île de Chypre, y avons-nous apporté des obstacles? Empêchons-nous la Russie de développer incessamment sa puissance dans l'Asie centrale? L'Autriche a-t-elle rencontré la moindre opposition de notre part dans l'occupation de la Bosnie et de l'Herzégovine? Les empiètements de la Prusse en Europe ont-ils trouvé des opposants parmi nous? Et ce petit roitelet du Piémont s'emparant de tous les Etats d'Italie avec l'aide de nos soldats et de nos finances, à qui doit-il son royaume aujourd'hui si étendu, si ce n'est à la France?

Parmi les fautes que le gouvernement de l'Empire a commises, il en est deux qui doivent servir d'exemple à nos hommes d'Etat.

La première, fut l'intervention armée de la France en Italie.

La deuxième est la neutralité gardée par elle en 1866 dans le différend entre la Prusse et l'Autriche.

Par la premiére, nous avons fait l'Italie ce qu'elle est aujourd'hui.

Par la deuxième, nous sommes la cause de l'agrandissement de la Prusse et de sa prépondérance sur les destinées de l'Europe.

L'Italie s'est montrée reconnaissante par l'ingratitude la plus noire, et la Prusse par l'envahissement de notre territoire.

Les évènements de 1870 nous ont fait connaître nos amis et nos ennemis parmi les gouvernements de l'Europe. Les premiers se chiffrent par le mot : néant. Mais, en revanche, les seconds sont nombreux; je les classe en trois catégories.

1° L'ennemi de la France comme nation, c'est l'Allemagne.

2° Les ennemis de notre développement et de notre influence à l'étranger, ce sont l'Angleterre et l'Italie.

3° Les ennemis de nos institutions libérales et du régime républicain, ce sont presque tous les États monarchiques de l'Europe.

N'oublions pas que nous sommes environnés de gouvernements alliés entr'eux pour la plupart par les liens de la famille et du sang, qui ont tout intérêt, pour la conservation de leur dynastie, à nous créer des embarras afin d'entraver la marche en avant de la République; c'est à nous à être vigilants, à ne pas nous laisser surprendre et à ne jamais faiblir.

Voilà pourquoi le gouvernement de la République Française ne doit compter que sur lui-même et ne s'aventurer que dans celles des questions extérieures qui peuvent servir à ses intérêts, à sa prospérité, au maintien de son influence, à la protection de ses nationaux et au développement de ses colonies.

Nous avons en Asie, en Afrique, dans l'Océanie et en Amérique, un champ immense à conquérir pour la propagation de nos forces et de notre puissance. Mais n'oublions pas que les premiers effets de notre domination, après avoir assuré la sécurité de nos nationaux, doivent avoir pour but la colonisation.

J'entends dire partout que les Français ne savent pas coloniser. Il est du devoir du gouvernement de faire mentir ce *dit-on* qui est devenu populaire.

Il faut qu'il favorise partout et avant tout l'agriculture, cette branche-mère de toutes les branches productives d'une nation; c'est principalement en favorisant l'agriculture dans nos colonies et en France que nous augmenterons notre population, notre commerce et notre richesse intérieure.

En étudiant l'histoire des peuples, on voit qu'ils ont été prospères et puissants aussi longtemps qu'ils se sont appliqués à faire prospérer l'agriculture et à maintenir une sage répartition des forces actives entre l'exploitation de la terre, de l'industrie et du commerce.

La création d'un ministère spécial de l'agriculture sera un acte politique d'une haute sagesse qui nous fait présager pour l'avenir les meilleurs résultats pour notre industrie nationale.

CHAPITRE III.

LE VRAI PÉRIL.

L'Hydre de l'anarchie relève actuellement la tête avec plus d'habileté, de fureur et d'audace que jamais.

Si on ne pense d'avance aux moyens d'asseoir la Société sur des bases inébranlables et de fortifier l'autorité qui doit la protéger, on se trouvera débordé.

Jamais, dans l'histoire du monde, l'anarchie ne fut plus à redouter. Sous le titre usurpé, spécieux et hypocrite de sociale, elle ne fut jamais aussi anti-sociale, aussi contraire à tous les principes, à tous les éléments qui constituent la base de la Société.

On a souvent vu la propriété changer de mains plus ou moins illégalement par des révolutions et des invasions de barbares; mais jamais la propriété n'a été attaquée dans son principe même, comme de nos jours, au profit d'un despotisme inouï qui rendrait tous les hommes esclaves.

On a vu le sanctuaire de la famille violé dans les horreurs d'une ville prise d'assaut, ou dans les terribles abus de l'esclavage; mais on n'avait jamais entendu jusqu'à nos jours s'affirmer hautement la négation de la famille.

On voit tous les jours des réunions illicites qui se cachent sous l'apparence du mariage; on n'avait pas encore connu un père de famille élevant le concubinage à la hauteur d'une institution en consacrant l'union de ses deux filles, sans vouloir consentir à la faire sanctionner ni par la loi civile ni par la loi religieuse.

On a vu des hommes nier l'existence et la personnalité de Dieu; on n'avait pas affirmé jusqu'à ce jour que si Dieu existe, c'est l'ennemi du genre humain. Un cri pareil n'avait été entendu que dans le râle de quelques criminels à l'agonie.

L'anarchie, de nos jours, exerce une propagande qu'il est temps d'arrêter, laquelle a pour objet la spoliation de ceux qui possèdent, et pour moyens, l'assassinat, l'incendie et la destruction par la dynamite. Cette propagande se pratique ouvertement, et les orateurs de réunions publiques ne se contentent pas seulement d'insulter à toutes les lois, ils s'offrent même à assassiner le président de la République.

Elle ne cherche plus aujourd'hui, cette anarchie, à dissimuler ses agissements, à séduire les masses en sourdine. Ce n'est plus par la ruse et la feinte, mais par la violence et l'audace imprévues de l'attaque, dit-elle, qu'il faut désormais triompher des faibles humains. Plus de ces erreurs partielles qui laissent debout quelques vérités, l'erreur large, immense, de toute raison, de tout ordre, de toute morale. Voilà ce qu'il faut prôner dans les réunions publiques, dans les écoles et dans les écrits.

Il est temps de réagir contre toutes ces doctrines qui perdraient encore une fois la République que nous tenons à conserver à tout prix.

Nous savons qu'il est quelquefois préférable de voir des théories creuses se produire et se briser par le simple effet de la discussion et contre les objections des hommes éminents, ou se détruire par leur excès même; mais ce symptôme n'en est pas moins alarmant.

Comme c'est à la masse des travailleurs que s'adressent ces théoriciens, et que celle-ci ne discute pas toujours et objecte peu, il est fort à craindre qu'elle ne soit entraînée un peu trop loin, à un moment qui n'est peut être pas éloigné.

L'anarchie, lorsqu'elle arrive à troubler la Société, devient un péril social, un ennemi public, qu'il faut combattre, et contre lequel il importe de se mettre en garde.

Ce n'est pas assez de signaler le mal, il faut en indiquer le remède. Il en est deux qui, par leur importance, priment sur tous les autres, lesquels ne peuvent avoir de valeur sans leur secours.

Le premier consiste à relever le principe d'autorité qui doit défeudre la Société menacée dans son élément vital; car un des meilleurs moyens de vaincre l'anarchie c'est de la prévenir par l'énergie du pouvoir.

On a beau voter les meilleures lois; s'il n'y a pas de pouvoir exécutif capable de les faire respecter, elles ne serviront à rien.

Il faut donc relever le pouvoir en France, l'entourer de respect et d'amour, de crainte et d'admiration; le fauteuil d'un président, autant et plus que le trône d'un roi, a droit à juste titre à tous ces hommages, parce qu'ils représentent l'un comme l'autre l'autorité.

Le second, c'est la solution du grand problème de la question sociale pour le bien-être des classes laborieuses par une loi sur le devoir et le droit social.

Par ces deux moyens, le gouvernement de la République et la Société entière seront débarrassés à tout jamais de leur ennemi mortel qui est l'anarchie.

En effet le cléricalisme, les royalistes et les partisans de l'empire, ne sont pas des ennemis à redouter; il dépend au contraire de la République de s'en faire des amis.

Le règne de la Terreur, aussi bien que l'Empire et la Monarchie, sont désormais impossibles en France; conspirer pour une de ces formes usées de gouvernement, c'est conspirer pour les catastrophes qui les ont suivies et les suivraient fatalement, peut-être même pour de plus grandes encore.

Il faut que la République ne serve pas de prétexte pour établir l'anarchie; il faut que le gouvernement, tout en ayant à cœur de procurer au peuple des institutions libérales et des progrès réels, puisse donner aux autres nations la preuve, la garantie que s'il est partisan de réformes libérales, il se montrera fort pour réprimer efficacement les abus et les désordres qui sont la conséquence inévitable des factions et de l'anarchie.

Les révolutions sont au peuple ce que les remèdes héroïques sont au corps humain; ils tuent plus souvent qu'ils ne guérissent.

Une révolution nouvelle nous conduirait immanquablement au despotisme, si elle était politique; elle nous conduirait plus certainement à notre mort comme nation, si elle était sociale.

CHAPITRE IV.

LA VRAIE LIBERTÉ.

On a fait une loi sur la liberté de la presse; mais il me semble qu'en ce moment on en use trop largement, j'ajouterai même qu'on en abuse. On en est arrivé dans une certaine presse à ne plus rien respecter. Autorité, justice, vertu, famille, honneur et religion, en un mot, tout ce qui est respectable est présenté comme des sujets de risée à un public qui a pourtant soif de s'instruire et ne demande, par conséquent, que d'être éclairé impartialement par les organes publics.

Bien loin de là, la presse, transformée en chaire de pestilence, est même devenue pour quelques écrivains un infâme trafic d'immoralité; et comme ceux qui le pratiquent connaissent le cœur humain, ils profitent de sa faiblesse et l'exploitent en mettant sous ses yeux tout ce qui peut stimuler ses mauvaises passions.

On a établi à la préfecture de police un laboratoire pour analyser les substances alimentaires, afin de reconnaître celles qui sont falsifiées et qui peuvent porter atteinte à la santé publique, et d'en poursuivre les auteurs.

On devrait établir de même au ministère de l'intérieur, ou à celui de l'instruction publique, un laboratoire d'un autre genre pour analyser les substances qui doivent alimenter l'esprit et la mémoire, afin d'anéantir ces œuvres malsaines. Les écrits immoraux qui s'étalent chaque jour au rez-de-chaussée de certains journaux, corrompent l'esprit et le cœur de la jeunesse inexpérimentée et sans défiance.

La liberté de la presse ne comporte pas la corruption des mœurs ni l'apologie de l'incendie, du vol et de l'assassinat.

La liberté de réunion ne comporte pas l'apologie et l'exécution de tous les crimes.

Ce sont là des axiomes indiscutables. Tout le monde est d'avis, en effet, que la liberté sans frein, n'est pas la liberté, c'est plutôt son opposé la licence, mère de toutes les servitudes.

Le mot de liberté est un mot vague, qui peut être interprêté et expliqué de plusieurs manières.

Le falsificateur qui porte atteinte à la santé publique peut invoquer ce mot de liberté ; le filou qui vous dépouille subrepticement de votre bourse, peut s'en prévaloir aussi. Celui qui vous injurie et vous calomnie injustement soit en paroles, soit dans des écrits, peut également s'en servir, et le corrupteur des mœurs publiques peut se placer sous ses auspices.

Le mot de liberté doit être suivi d'un complément. On doit dire : liberté pour le bien.

La Société ne reconnaît de liberté que celle qui se renferme dans les limites de la loi, qui est la règle des devoirs et des droits de tous.

Celui-là perd justement ses droits civils qui méconnaît et viole ses devoirs, lesquels ne sont autre chose que le respect des droits de ses concitoyens.

En résumé, dans l'ordre civil, le citoyen n'est libre qu'à la charge d'accepter un maître commun, la loi.

Dans tous les autres cas, la véritable liberté consiste à faire le bien toujours, et à ne faire ce que l'on veut que lorsque cela ne nuit à personne.

CHAPITRE V.

LA RELIGION.

La religion tient une trop grande place dans une nation et dans l'esprit des peuples, pour qu'il n'en soit pas question dans un écrit qui traite de leurs destinées.

Nous estimons qu'aujourd'hui plus que jamais la religion se trouve implicitement mêlée à toutes les discussions qui touchent à l'ordre politique et social, et nous pensons, en conséquence, qu'il ne nous est pas permis de laisser dans l'ombre nos convictions et nos croyances sur un point si important et si essentiel.

Il y a bientôt dix-neuf siècles qu'un nouveau soleil se leva, je ne dirai pas sur une nation privilégiée, mais sur le genre humain tout entier, pour y répandre un éclat éblouissant et inconnu avant lui.

Jusqu'à ce moment, la guerre et la conquête avaient

seules développé l'instinct et le besoin de sociabilité, l'instinct et la puissance de perfectibilité, qui sont les attributs les plus incontestables de notre haute et noble nature. La raison seule désormais se chargera de lui donner une impulsion nouvelle en leur ouvrant une carrière sans limites.

Du fond de la Judée une voix s'est élevée qui a dit à l'homme : « Tes titres étaient perdus, je te les rapporte : connais ta glorieuse origine; tu es créé à l'image de Dieu et tous les hommes sont tes frères. »

Reliant d'une main puissante le présent avec le passé, le fils de Marie apprend à l'homme ce qu'il avait ignoré jusque-là, ses devoirs; et dans ses devoirs sont renfermés tous ses droits.

Ce conquérant nouveau ne commande aucune armée, ne dispose d'aucun trésor, n'exerce aucun empire, il s'entoure au contraire de ce qu'il rencontre de plus ignorant et de plus pauvre. Mais il est le dépositaire de l'éternelle Vérité; on le conduit au supplice, la peur s'empare de ceux dont il s'était entouré, l'un le trahit, l'autre le renie, tous l'abandonnent. Mais, après sa glorieuse résurrection, il réunit de nouveau ses disciples éperdus, fait descendre dans leur cœur et dans leur âme l'esprit vivificateur, et leur remet en main le flambeau allumé de la Verité.

Ces mêmes hommes qui, quelques jours auparavant, n'osaient se déclarer ses disciples, l'agitent et le portent, ce flambeau, jusqu'aux extrémités de la terre. En vain les bûchers et les échafauds s'élèvent pour entraver leur marche, la flamme des bûchers pâlit devant ce flambeau, le torrent du sang des martyrs le ravive au lieu de l'éteindre.

Les barrières qui séparaient les peuples s'abaissent; les trônes et les autels s'écroulent à son approche; et comme il porte la lumière et non l'incendie, les haines et les rivalités s'adoucissent à l'ardeur de la charité universelle. Partout les dieux nationaux ont fui devant le Dieu de l'univers.

A dater de ce jour, la civilisation prend un essor inconnu. Pour contenir les mauvais penchants des hommes, il avait fallu jusque-là des lois draconiennes; désormais la loi du devoir suffit.

Nous avons vu le Christianisme animer de son souffle la civilisation moderne, la dégager de ses langes, lui tendre la main et la soutenir jusqu'aux jours de son adolescence. Cet âge heureux et riche d'espérance peut être fixé au XIIIe siècle, alors que les jeunes langues de l'Europe se paraient d'une grâce naïve, que l'architecture enfantait les merveilles du style ogival, et que la chevalerie traçait les lois de l'honneur dont le caractère français a été si longtemps l'expression la plus vraie.

Mais, par malheur, et au moment même où ses pas allaient devenir plus hardis, la civilisation s'égara de sa voie divine.

Les agitations des Etats; les scandaleux exemples d'une grande partie du clergé; le schisme qu'ils firent naître et qui divisa l'Europe et l'univers civilisé au XVe siècle; le machiavélisme qui s'empara des conseils des souverains, toutes ces causes réunies corrompirent les mœurs, faussèrent les idées et préparèrent le triomphe de la réforme au XVIe siècle; triomphe qui, favorisé par toutes les passions mauvaises, aurait été complet, si l'œuvre du Christ n'eût été qu'une œuvre humaine. Du principe de l'autorité individuelle, base de la réforme, devait naître en un temps donné, une philosophie négative de tout principe d'autorité.

L'Europe la vit régner au XVIIIe siècle. Ce siècle que je résumerai dans un seul mot: Voltaire.

Si ce génie qui a manié tant d'idées et rendu tant de services à l'humanité, se fût borné à combattre la superstition et à signaler les abus introduits dans le sanctuaire, Voltaire aurait bien mérité de la société, de la religion et même du clergé. Mais dans les intermittences trop fréquentés de sa changeante humeur, semblable à ces enfants qui, pour détruire en jouant un nid de fourmis, mettent sans le vouloir le feu à toute une forêt, il porta une main imprudente sur les objets les plus dignes du respect des hommes.

En versant le ridicule sur le principe même du christianisme, il créa cette école de sceptiques si habiles à détruire, si impuissants à édifier. La philosophie du XVIIIe siècle à laquelle nous devons le bienfait de la Révolution de 89 et les grandes réformes qui l'ont suivie, a eu l'immense malheur d'affaiblir le lien religieux et de miner ainsi la grande colonne de l'édifice social.

Cette colonne aujourd'hui est de nouveau ébranlée et la religion est encore menacée, mais ce n'est pas comme au temps de Néron et de Dioclétien une persécution ouverte, car la persécution, de quelque part qu'elle vienne, n'a plus de racine dans nos mœurs, elle est désavouée par toutes les opinions qni ont droit de se produire au grand jour, elle ne peut avoir aucune prise sur les âmes calmes et saines.

De nos jours, ce que l'on exerce contre la religion ce sont des tracasseries, des taquineries, on se plaît à la déconsidérer dans l'esprit des populations. On la signale comme étant un ennemi de nos institutions libérales. On la chasse de l'école, on veut même la chasser du chevet du moribond. Personne n'ignore avec quelle véhémence les manifestations de la pensée religieuse sont dénoncées à la vindicte publique et surtout à la surveillance gouvernementale.

Une autre fois c'est la question du serment dont on veut retirer le mot de *Dieu*, parce que un juré et un témoin se sont montrés récalcitrants à le prononcer : on a conclu de ce fait à peu près isolé que la majorité des Français était représentée par le refus d'un seul, et nos hommes d'Etat concluant du particulier au général, se sont empressés de formuler un projet de loi dans ce sens comme si la société se trouvait menacée par cet incident purement individuel.

La question de suppression des emblêmes religieux dans les écoles et aux cimetières, est encore venue troubler les consciences catholiques. Eh! qui peut prévoir les surprises réservées par l'avenir.

Pour ces philosophes sans Dieu, la question des cimetières et des emblêmes religieux est complètement indifférente; que leur importe d'être enterrés dans une fosse, au coin d'une borne, ou dans les champs de l'équarrisseur. Il ne faut pas croire que leur opinion soit aussi répandue que certaines gens le prétendent, l'athéïsme pour le plus grand nombre n'est que superficiel; quand ils descendent dans le fond de leur conscience, surtout au moment de franchir les portes de l'éternité, il se produit dans leur âme quelque chose qui leur dit que tout ne finit pas dans la tombe et qu'il existe quelque chose au-delà.

La barque de Pierre a eu à lutter contre des ouragans bien autrement terribles que celui qu'elle éprouve actuellement, et elle n'a pas sombré.

Ce que l'on devrait s'attacher à combattre, ce sont les abus qui se sont incontestablement introduits dans l'arche sainte, et qui aujourd'hui, d'ailleurs, par la force même des choses, tendent à disparaître.

Le principe du Christianisme ainsi dégagé apparaîtra dans toute sa divine simplicité; car de ce principe découle une morale sublime et admirable, la seule qui puisse mettre un frein à toutes les basses passions, inspirer les plus belles actions et les plus sublimes dévouements; ce n'est point, en effet, par instinct que le chrétien se dévoue à sa famille. Il obéit à Dieu qui lui ordonne d'honorer son père et sa mère, lui défend de porter même un désir secret sur les biens de son voisin, qui lui commande aussi d'aimer son prochain comme lui-même, de ne pas faire à autrui ce qu'on ne voudrait pas qu'il vous fût fait. Ce n'est que par cette morale que vous ferez respecter l'autorité si méconnue de nos jours et lorsqu'elle reprendra dans les consciences la place qu'elle aurait dû toujours occuper, elle en chassera l'égoïsme qui n'engendre que la stérilité. On verra alors de nouveau régner souverainement dans les cœurs et dans les âmes, la foi, l'espérance et la charité.

CHAPITRE VI.

SOLUTION DU GRAND PROBLÈME DE LA QUESTION SOCIALE EN FAVEUR DES CLASSES LABORIEUSES.

La question sociale dont on s'occupe, je ne dirai pas depuis quelques années, mais depuis des siècles, et qui, aujourd'hui plus que jamais, se dresse devant la Société menaçante et terrible, prête à dévorer quiconque la négligera, n'est autre chose que cette confraternité d'idées, de sentiments, qui doivent exister entre tous les membres d'une même famille, entre tous les citoyens d'une nation, de telle sorte que pas un seul de ses membres, fût-il coupable, ne souffre de la misère et de la faim, que ceux qui ont du superflu donnent à ceux à qui le nécessaire manque, non pas comme une aumône, mais comme le résultat d'un devoir, d'une obligation.

Diminuer le nombre des pauvres, leur procurer une existence digne de l'Humanité, voilà le problème qui intéresse la Société, entière et qui doit rendre toutes les classes de cette Société solidaires les unes des autres.

Pour résoudre ce grand problème, il faut la loi. Ce n'est que par la loi que l'on arrivera à vaincre la résistance que l'égoïsme oppose à toute idée généreuse; c'est un torrent dévastateur qui envahit de plus en plus toutes les classes aisées de la Société; il emporte et déracine tous les bons sentiments du cœur qui ont pour but la charité, la générosité et la fraternité.

Il faut lutter moralement pour désarmer cette résistance des intérêts égoïstes à toutes les réformes avantageuses.

Cette loi, je l'appellerai *la loi du devoir et du droit social.* J'en indique le projet et les bases à la fin de ce chapitre.

Par cette loi, on accomplira un devoir humain ainsi qu'un devoir divin, car le Seigneur a dit : j'ai mis la puissance, la richesse, la science aux mains de quelques-uns, à la condition expresse qu'ils en useront au profit de tous.

Ce projet, qui se rattache au problème le plus important de notre époque, doit attirer au plus haut point l'attention publique.

Car, tant que les classes laborieuses n'auront pas d'avenir assuré, elles seront campées au milieu de la Société, elles n'y seront pas définitivement établies.

Il y a dans le projet que je propose de cette loi une grande idée de prévoyance sociale, aussi bien qu'une inspiration d'humanité.

La nation est une image de la terre. Si nous y semons les grains de la charité, de la générosité et de la fraternité, nous recueillerons au centuple la satisfaction, la joie et le bonheur d'avoir contribué au bien-être général de tous.

L'heure et le moment ne pouvaient être mieux choisis pour réaliser l'œuvre importante de cette grande et grave question sociale qui passionne les masses. Elle est devenue, nous osons le dire, une nécessité qui s'impose et qu'il n'est pas permis de méconnaître, ni d'ajourner. Aucun obstacle ne se dresse devant elle, si ce n'est l'égoïsme, et tout semble, au contraire, la faciliter et la favoriser. Que faut-il donc pour la faire admettre et pour que ses bienfaits soient définitivement assurés aux classes laborieuses, il faut le concours de tous les hommes qui, à des titres divers, exercent autour d'eux une active et heureuse influence sur les destinées de la France.

Il faut le concours des orateurs dont l'éloquence illumine et entraîne les assemblées publiques. Il faut aussi le concours de la presse, ce grand porte-voix de l'Humanité dont l'influence est si forte et si persuasive pour le bien, lorsqu'elle le veut. Il faut aussi le concours de l'opinion publique, et ce dernier nous est déjà acquis.

La question du bien-être des classes laborieuses intéresse tout le monde, à tous les degrés de l'échelle sociale.

Elle vous intéresse aussi au plus haut point, vous tous qui possédez, nobles et bourgeois, capitalistes et rentiers, propriétaires, agriculteurs et fermiers, manufacturiers, fabricants, banquiers, commerçants, industriels, marchands et débitants, artistes et savants qui occupez à votre service, dans des conditions diverses, ces vingt-cinq millions de prolétaires des deux sexes qui forment les classes laborieuses de la société en France. Que feriez-vous? que deviendriez-vous sans ces auxiliaires puissants que l'on appelle employés, ouvriers, domestiques, hommes de peine, etc.; qui, pendant une grande partie de leur vie, vous ont consacré et vous consacrent encore leur intelligence, leur savoir, leur travail, leurs bras et leur sang, afin de vous procurer ce bien-être général dont vous jouissez tous; ne sont-ils pas la cause, pour vous surtout, industriels, fabricants et commerçants, de cette haute position de fortune que vous occupez?

En échange de tous les services que ces infatigables travailleurs rendent à toutes les classes aisées de la Société, on vous demandera un peu de ce superflu pour leur procurer le nécessaire qui leur manque quand le chômage arrive, quand la maladie, les infirmités et la vieillesse viennent les atteindre. Car vous n'ignorez pas que le travail qui est leur seul moyen d'existence éprouve toujours dans le cours d'une année, par des circonstances qui sont indépendantes de leur volonté, un arrêt forcé; et quand on vit au jour le jour, que l'on a une famille, des enfants, quelles terribles angoisses n'éprouve-t-on pas, par quelles épouvantables souffrances ne passe-t-on pas?

Un exemple récent. On vient de faire appel à votre générosité pour les inondés de la Seine et des départements éprouvés par le fléau de l'inondation: on vous a mis sous les yeux l'effrayant tableau de la misère de toutes ces familles d'ouvriers sans travail et sans asile que l'inondation a chassés de leur demeure et de leurs travaux. Votre cœur, touché de tant d'infortunes, s'est empressé d'apporter quelques secours pour soulager tous ces malheureux.

Eh bien! tous les jours, des cas pareils, mais isolés, se renouvellent sur le territoire de la France; et si on les rapprochait tous, vous vous trouveriez en présence d'un chiffre de malheureux bien plus considérable encore que celui des inondés de la Seine et des départements.

En présence de si grandes misères, quand on est Français, qu'on sent battre dans sa poitrine un cœur que l'égoïsme n'a pas encore entièrement envahi, quel est celui qui n'oserait élever la voix, qui hésiterait à jeter un cri, à murmurer une parole pour venir en aide à tous ces infortunés.

Nous ne nions pas que dans le nombre d'employés et d'ouvriers que le commerce et l'industrie enchaînent à leur service, il en est plusieurs qui, par leurs talents, secondés par un heureux concours de circonstances, gravissent rapidement le roc escarpé de la fortune; mais le nombre en est très restreint, et c'est principalement de la masse dont nous nous occupons.

Or, il est évident que dans les contrées de grandes manufactures, le sort de cette masse est affreux, sous le triple rapport moral, civique et hygiénique. On s'est récrié sur les exigences et les prétentions des travailleurs, ainsi que sur les embarras qu'ils suscitent au Gouvernement. Cela, pourtant, n'a rien que de fort naturel; je le prouve par deux raisons bien simples : c'est que les travailleurs ont le sentiment de leur position mauvaise et que, d'autre part, ils se sentent forts parce qu'ils forment la majorité. Ils ont formulé des prétentions, sans s'arrêter aux conséquences qu'elles peuvent avoir.

Eh ! mon Dieu, l'homme qui se noie se rattrape à la première branche venue sans se préoccuper si elle peut casser, et s'il peut être entraîné dans l'abîme avec elle. Je connais cette classe sage et laborieuse des travailleurs, car je vis dans ce milieu depuis longtemps. Les passions mauvaises ne l'agitent pas, et ma conviction est que le calme, l'ordre et la joie eussent succédé à un moment d'égarement, si on avait pu leur offrir pour l'avenir les avantages faciles à réaliser par la solution du problème que je propose.

Quand on a vécu au milieu du peuple, étudié ses besoins physiques et moraux, ainsi que ses tendances, on doit s'employer avec un cœur qui n'est pas distrait par l'agitation à rechercher la cause actuelle de l'incertitude des populations laborieuses, qui, semblables aux vagues de l'Océan, montent ou s'affaissent selon le point d'où le vent souffle.

Que des Crésus à l'âme métallique se flattent de créer l'aisance générale à l'aide de ces deux mots : Travail, Économie ! Combien qui se croient quittes envers le pauvre et le malheureux quand ils ont dit au premier : Travaille, paresseux ! au second : Il n'y a de misère que pour les fainéants et les sots ! Cela ne prouve qu'une chose, c'est que l'avarice peut arracher les entrailles d'un homme sans lui ôter la vie.

Quand il s'agit d'une solution qui touche à l'ordre politique et à l'équilibre des forces du pays, c'est un devoir et un droit de la présenter au Gouvernement, à la nation entière. Lorsqu'une idée est devenue pratique, elle se trouve, par ce fait, présentable à toute société, et sa conséquence doit en être acceptée quand l'heure de son application est arrivée, au point de vue de l'humanité, de la morale et de la famille.

Alors la solution de la question sociale n'est pas seulement une nécessité, c'est encore et surtout un devoir. Tous les hommes compétents, en cette matière, doivent étudier cette question le plus tôt possible, car dans un temps peu éloigné peut-être, il sera trop tard.

Par ce moyen, on entrera dans la grande voie de l'Humanité et on s'acheminera vers l'accomplissement des progrès qui peuvent améliorer et ennoblir la condition humaine, resserrer les liens de la famille parmi les classes laborieuses. Car il est prouvé que lorsque le nécessaire manque dans les ménages, la désunion y pénètre, amenant avec elle son cortège inévitable, c'est-à-dire les disputes, les reproches, les scènes de violence et trop souvent le meurtre. Il aura pour résultat de rapprocher les unes des autres toutes les classes de la Société. Des écrivains habiles et des publicistes éminents ont agité et agitent encore tous les jours cette question brûlante qui touche au vif de l'organisation sociale et possède la sympathie de tous les gens de bien, car son but est d'anéantir la misère, ce fléau qui est la grande et presque l'unique cause de tous les désordres et de tous les maux. Elle empêchera le retour de cette guerre sociale dont la Commune de 1871 nous a montré les horreurs, laquelle tendait à nous replonger dans la barbarie par une série de secousses et de cataclysmes. Elle réduira à néant toutes ces coupables et mauvaises intrigues politiques, par lesquelles les classes laborieuses se laissent si facilement séduire et dont elles sont malheureusement la partie active, et, finalement, presque toujours les dupes. Elle fera tomber le masque de tous ces faux révolutionnaires, de ces apôtres de l'anarchie, cette plèbe d'aristocrates d'un nouveau genre; hommes ambitieux et vains qui cachent leur incapacité et leur impuissance sous les nuances et les ambiguïtés du langage, et se proclament les seuls hommes ayant à cœur les intérêts du pays; qui, pour conquérir une popularité factice, font miroiter aux yeux des masses crédules et abusées des utopies, des vains projets de réformes irréalisables; qui, dans les réunions publiques et privées, excitent les passions des uns, les convoitises des autres; dont le métier est de spéculer sur la misère de ceux qui souffrent, tout en se proclamant les défenseurs et les représentants du prolétariat.

Ce sont les courtisans des multitudes qui les exploitent à leur profit personnel, impuissants qu'ils sont à formuler quelque chose de réel pour leur venir en aide.

Quand les classes laborieuses comprendront qu'elles n'ont rien à attendre de ceux qui les poussent au désordre et à l'anarchie, mais qu'au contraire elles ont tout à gagner en patientant et tout à espérer d'un Gouvernement qui travaille à leur bien-être, le compte de ces meneurs révolutionnaires sera bientôt réglé.

Les multitudes sont instables dans leurs agissements. Autant elles exaltent leurs courtisans, autant elles sont promptes à les abaisser.

Tant que la majorité de la nation sera malheureuse et jusqu'à ce que cette majorité reçoive satisfaction, elle cherchera à changer la forme du Gouvernement pour en avoir une qui apporte un remède à son mal; et du jour où le Gouvernement aura supprimé les causes du paupérisme en assurant l'avenir des classes laborieuses, il supprimera la cause qui a toujours été le mobile des révolutions sociales. La majorité deviendra conservatrice, et alors, mais alors seulement, un Gouvernement pourra fonctionner avec calme ; les partis ne pourront plus compter sur les malheureux pour appuyer leurs prétentions ; ils ne pourront plus que s'unir, sachant bien que l'union fait la force et que la force donne la sécurité, et la sécurité le bonheur.

En conséquence, l'intérêt particulier comme l'intérêt général, la Société, l'ordre, tout ce que l'homme a de plus précieux réclame avec instance la solution de la question sociale par l'application d'une loi sur le devoir et le droit social. Ce sera la prospérité de la nation, sa tranquillité et sa sécurité au dedans, sa force et sa puissance au dehors. Ce sera l'anarchie vaincue et désarmée, le triomphe et le couronnement des institutions républicaines dans le présent et dans l'avenir.

Fortifiés par la conviction que nous soutenons une cause juste, morale et humanitaire au premier degré, nous ne cédons, en la préconisant qu'aux motifs les plus purs et les plus désintéressés. Si nos efforts aboutissent à un heureux résultat, nous nous trouverons largement récompensés par la sympathie des personnes honnêtes, qui nous sauront gré de l'appel que nous aurons adressé aux meilleurs instincts et aux sentiments les plus élevés de la nature humaine.

C'est à la France qu'appartient la première place dans l'accomplissement de cette révolution pacifique, qui doit produire un état de choses meilleur pour la destinée des masses.

Ils auront bien mérité de la patrie ceux qui auront contribué à doter la nation d'une loi qui assurera le bonheur de la France et sa prépondérance sur le monde entier.

On pourrait pousser plus loin et développer à l'infini toutes les considérations qui se rattachent à la solution de ce grand problème, mais je crois en avoir assez dit pour vous convaincre que tous les grands principes qui dominent la nature et gouvernent les hommes :

l'Humanité,

l'Honneur,

l'Intérêt général, se réunissent pour militer en faveur de la prompte solution du grand problème de la question sociale. Ce sera le commencement d'une ère splendide de civilisation et de marche progressive et pacifique à travers les siècles futurs.

Aux classes aisées de la Société.

Je commence par faire un appel à votre raison, à votre patriotisme, aux nobles sentiments de charité fraternelle qui sont dans le cœur de tous ceux que l'égoïsme n'a pas encore complètement étouffé.

Pour la réalisation de mon projet, il faut que chacun de nous s'apprête à supporter des charges un peu lourdes; mais si votre tranquillité et votre sécurité à tout jamais en dépendent, si la prospérité du commerce et de l'industrie, le bonheur des travailleurs et la grandeur de notre chère Patrie doivent en être le résultat, combien ne serez-vous pas dédommagés de vos sacrifices!

Vous remarquerez que dans la première partie de mon projet, laquelle je nomme le devoir, et qui est la seule qui vous incombe, les classes laborieuses participent aussi par la cotisation sur leurs salaires. Quant à la deuxième partie, celle du droit, elle appartient toute entière à ces mêmes classes laborieuses, aux deshérités de la fortune et à tous les malheureux.

Aux classes laborieuses.

J'ai salué avec joie ce mot de Fraternité, inscrit désormais sur notre drapeau; je suis jaloux de ces droits qui nous ont été rendus à tous, le jour où la République a été de nouveau proclamée; vous ne doutez point que je comprenne à quel point ils doivent vous être chers et combien ils doivent être respectés de tous.

C'est ce que je n'ai eu garde de perdre de vue en écrivant ce projet; je me flatte donc qu'il ne vous ôte point un atôme de liberté ni d'indépendance, tandis qu'au contraire il asseoit l'égalité sur des bases aussi larges que possible.

Il faut pour vous assurer des moyens d'existence quand le travail vous manquera, qu'on ne puisse pas mettre en suspicion votre courage et votre bonne volonté! Le mal le plus dangereux serait d'encourager la paresse.

Comme, au déclin de votre vie, il vous faut aussi le repos, vous sentez qu'il ne serait pas juste que celui qui n'a qu'imparfaitement rempli sa mission de travailleur pendant sa carrière, eût le même sort que le citoyen digne et courageux. Au premier reviendrait le strict necessaire; au second une part plus large. Or, pour que chacun soit classé selon ses œuvres, il faudra établir un compte pour chaque travailleur; compte qui un jour résumera sa vie.

Si vous participez à la partie de mon projet que j'appelle le devoir, la partie qui concerne le droit vous appartient toute entière, car c'est elle qui doit vous mettre à tout jamais à l'abri de la misère dans le présent comme dans l'avenir.

Première partie du projet de loi sur le devoir et le droit social, pour la solution du grand problème de la question sociale.

Principales dispositions du devoir.

1° Il sera perçu annuellement sur la valeur du capital

de tous les immeubles de France quinze centimes par cent francs ;

2° Il sera perçu anuuellement sur la valeur du capital de toutes les propriétés rurales dix centimes par cent francs;

3° Tous les commerçants et industriels, fabricants, marchands et débitants paieront une prime de quinze centimes par cent francs d'affaires;

4° Les sociétés de crédit et tous ceux qui font des opérations de banque et de finance paieront quinze centimes par mille francs d'affaires ;

5° Toutes les autres professions en dehors du commerce et de l'industrie paieront une prime de 3 à 5 0/0 sur la valeur locative et selon l'importance de la profession;

6° Les compagnies de chemins de fer, de navigation maritime et fluviale; les compagnies houillères, minières, forges et hauts-fourneaux, chantiers de construction; les compagnies d'assurances et autres, anonymes ou en commandite, paieront une prime de dix centimes par cent francs d'affaires.

Toutes les classes de la Société qui sont énoncées ci-dessus sont celles qui ne perçoivent aucun salaire, qui vivent de leurs revenus, de leur commerce et de leur industrie. La partie du devoir par conséquent est la seule qui leur incombe, elles n'auront recours à la partie du droit que si des malheurs imprévus ou des revers de fortune subits les forçaient à rentrer dans la classe des salariés.

Celles qui suivent sont les classes qui reçoivent des salaires, c'est-à-dire, qui sont au service des particuliers : tous les ouvriers de l'industrie, tous les ouvriers exerçant un état manuel, les employés du commerce, de l'industrie et des administrations telles que la finance, les sociétés, les compagnies diverses; les employés et fonctionnaires de l'Etat et de la municipalité des villes, cantons et communes de la France. Elles participent chacune dans leur mesure proportionnelle à la partie du devoir, mais la partie concernant le droit leur appartient toute entière.

Il sera donc prélevé sur le salaire de toutes ces classes deux et demi pour cent par an (1).

Deuxième partie du projet de loi sur le devoir et le droit social pour la solution du grand problème de la question sociale.

Principales dispositions du droit.

Primes en cas de chômage, de manque de travail, de

(1) Il y a des sociétés de secours dont les cotisations sont de 6 0/0.

maladie et d'infirmités, à toutes les classes salariées de la societé.

Ceux dont le salaire sera	de 1 50 à 2 fr.	0 75 cent	par jour.
—	— de 2 50 à 3 fr.	1 25	—
—	— de 3 50 à 4 fr.	1 75	—
—	— de 4 50 à 5 fr.	2 25	—
—	— de 5 50 à 6 fr.	2 75	—
—	— de 6 50 à 7 fr.	3 25	—
—	— de 7 50 à 8 fr.	3 75	—
—	— de 8 50 à 10 fr.	4 25	—

Fêtes et dimanches compris.

Ceux qui seront mariés et auront des enfants recevront une prime de trente-cinq centimes par chaque enfant au-dessous de quatorze ans.

Pendant la maladie du chef de la famille, la femme recevra un franc vingt-cinq centimes par jour.

Les médicaments et le médecin seront gratuits et le loyer payé pour la durée de la maladie et de la convalescence.

En cas de décès, les veuves seront sous la protection de la loi, ainsi que les orphelins. On pourvoira à leur subsistance, on procurera du travail aux veuves et on placera les orphelins.

Il sera créé des maisons de sevrage et des crèches pour les tout jeunes enfants.

Il sera établi aussi des orphelinats pour les enfants des deux sexes, et on y prendra soin d'eux jusqu'à l'âge où ils pourront travailler.

Il sera créé des colonies agricoles pour les adultes, soit en France, soit en Algérie et en Tunisie. Les cultivateurs qui voudront y aller en feront la demande.

De grandes concessions de terrains seront accordées dans ce but par le gouvernement qui fera en outre les avances nécessaires. Les bénéfices résultant de ces établissements seront mis à part et réservés au profit des classes salariées et laborieuses.

Des asiles de jour et de nuit seront ouverts dans les grandes villes pour les malheureux des deux sexes qui se trouveront sans travail et sans domicile; on pourvoira à leur subsistance et on devra leur procurer du travail.

Des pensions de retraite seront accordées à tous les salariés; elles ne seront jamais moindres de trois cents francs pour les hommes et de deux cents francs pour les veuves. Ce chiffre sera élevé graduellement selon le versement opéré par chacun, et pourra être porté au maximum de quinze cents francs.

Tout employé et tout ouvrier qui se mariera et aura eu une bonne conduite recevra une somme déterminée.

Tous les trois ans, il sera tenu dans tous les départements de grandes assises du bien pour récompenser largement tous ceux qui auront été signalés par leur bonne conduite et leur assiduité au travail; des récompenses seront accordées aux parents qui auront bien élevé leurs enfants en leur inculquant les principes de morale et de justice qui sont la base unique et véritable de toute civilisation ainsi que de toute société.

La perception, la répartition et l'organisation des éléments divers de ce projet se feront par des comités établis dans chaque arrondissement.

Chaque comité se composera d'un conseil de surveillance de quarante membres pris, la moitié parmi les classes aisées de la société et l'autre moitié parmi les classes laborieuses. Les membres de ce conseil seront élus par le suffrage universel de l'arrondissement et renouvelés tous les deux ans; leurs fonctions seront gratuites. Un percepteur, un contrôleur et un inspecteur nommés par le Gouvernement, feront partie du comité, ainsi que les divers employés que nécessitera son organisation.

Considérations générales.

En publiant ce travail, fruit de mes méditations, de mon expérience et de l'amour que je porte à mes semblables, je crois remplir un devoir; car tout bon citoyen doit chercher à apporter une pierre à l'édifice de l'organisation sociale. Par là, le législateur aura sous la main des matériaux parmi lesquels il pourra faire un choix, et arriver ainsi plus facilement à l'accomplissement de son œuvre.

Je n'ai point compris l'organisation de mon projet d'une manière étroite, je veux son application pour toute la France, jusqu'à la ferme isolée au milieu des champs, jusqu'au bûcheron qui vit dans la forêt, jusqu'au berger qui passe sa vie dans la montagne, tous doivent se ressentir de ce mot : *Fraternité.*

Le peuple reprend aujourd'hui tous ses droits d'homme ! Cela est juste, mais surtout cela est bon : car le moyen de faire descendre l'amour du bien et le germe des vertus au cœur de l'homme, c'est de le relever à ses propres yeux. Voilà ce que j'ai compris. Aussi, d'après mon projet, tous les avantages que j'offre aux travailleurs, ils ne les devront qu'à eux-mêmes ou à des moyens dont ils seront eux-mêmes le principe. Je veux les mettre à même de pratiquer la charité et non d'en être l'objet.

Je me borne ici à indiquer le plan, le canevas pour ainsi dire, des principales dispositions de ce projet de loi dont l'entier développement nous conduirait trop loin, je n'ai pas du reste, on le comprend, la prétention d'imposer l'ensemble de mes vues à nos législateurs. Ce n'est ici qu'un simple projet que j'expose, laissant d'ailleurs à de plus autorisés le soin de l'élaborer et de l'appliquer. Si cette ébauche est accueillie, aucune peine ne me coûtera pour arriver à donner au public un ouvrage plus complet, renfermant les nombreux détails que comporte cette question si importante de la solution du grand problème de la question sociale.

L'application de mon projet aura cela de bon qu'il n'établit de privilège pour personne, si ce n'est pour les citoyens méritants des classes laborieuses qui auront une part meilleure. Par mon système, je moralise les masses et je combats la paresse par un contrôle impitoyable et par l'amour-propre qui porte tout homme à ne vouloir pas rougir devant ses égaux, lesquels, par ce système, deviennent leurs propres censeurs en même temps que les censeurs de leurs coopérateurs.

Les observations qui pourront m'être adressées ne feront que m'aider à accomplir ma tâche ; à ce titre, elles seront bien accueillies; car, ainsi que je le dis plus haut, je ne me flatte pas d'avoir tout prévu ; ce n'est qu'en présence des difficultés qu'on peut songer à les résoudre, et avec l'aide de Dieu et de tous les hommes de bonne volonté et de mon amour pour le bien public, j'espère que mes efforts ne seront pas tout à fait vains.

Invocation.

O sublime problème ! tu renfermes dans ta solution les véritables destinées de la France, de l'Europe et du monde entier ; tu fais le bonheur du genre humain. Si jamais la Haute Protection daigne jeter sur toi un regard favorable, t'imposer la loi du devoir et du droit social qui doit assurer du pain et un asile aux malheureux, le nécessaire à l'ouvrier, quand le travail manque, quand la maladie et l'infirmité se font sentir ; au vieillard, quand l'âge ne lui permet plus de travailler, sans avilir toutefois ceux qui profiteraient de ces bienfaits, on opérerait la plus tranquille et la plus sainte de toutes les révolutions.

Mais si on te dédaigne, si on laisse l'égoïsme qui est l'âme de la barbarie étouffer dans les cœurs tous les sentiments de la charité qui est l'âme de la civilisation, malheur alors, trois fois malheur ! car, le rationalisme socialiste qui n'est autre que l'anarchie est là comme un Attila moderne armé contre la Société de tous les principes de révolte et de destruction, guettant l'occasion d'anéantir sans distinction tout ce qui est debout.

S'il parvenait à entraîner un jour la masse de ceux qui souffrent et qui travaillent sans espoir, ce serait la ruine. Vos magasins, vos comptoirs deviendraient déserts, ou seraient la proie du pillage et de l'incendie. Les splendides bazars, comme les modestes boutiques, seraient désolés par la misère. Les hôtels opulents comme les demeures tranquilles seraient envahis par des spoliateurs avides. Vos filles et vos compagnes seraient profanées; la terreur et l'esclavage règneraient de nouveau sur la terre de la liberté.

Il faut donc éviter ces malheurs, et pour cela, il s'agit simplement d'étudier les moyens qui vous sont proposés pour le bien-être des classes laborieuses et de leur donner force de loi. Ce jour-là, le flambeau de la fraternité rayonnera dans tous les cœurs, car l'extinction du paupérisme sera un fait accompli.

Les bienfaiteurs de l'humanité.

Malgré l'invasion de l'égoïsme qui, comme je l'ai dit plus haut, s'empare en despote du cœur des classes aisées de la société et y règne sans partage, le nombre des bienfaiteurs de l'humanité est encore grand dans notre chère patrie.

Il serait trop long de vous citer tous les noms de ces cœurs généreux, de ces âmes d'élite dont l'existence est un tissu permanent de bienfaits.

Je ne vous en signalerai que trois parce qu'ils appartiennent à l'actualité. Le premier est mort le 13 décembre dernier, c'est M. Galignani, ancien directeur du journal anglais le *Galignani's Messenger*.

Ce grand philantrope lègue à l'Assistance publique deux immeubles d'une valeur de plus d'un million, plus un titre de soixante et dix mille francs de rente cinq pour cent, pour fonder une maison de retraite sur un terrain de sept mille mètres qui lui appartenait, au boulevard Bineau. Dans cette maison on recevra les savants français, les hommes de lettres, les libraires et les anciens typographes parvenus à la vieillesse sans fortune; les femmes et les filles des sus-nommés y seront admises également.

C'est lui qui a fondé l'orphelinat anglo-américain qui rend de si sérieux services aux malheureux de ces deux contrées.

Il est aussi un des plus généreux donateurs de l'hospice de Corbeil (Seine-et-Oise). Il donna, en effet, pour la restauration et l'installation nouvelle de ce vieil établissement qui tombait en ruines, plus de six cent mille francs, et fit don à la même localité d'un million pour la construction d'un orphelinat de jeunes filles. Par son testament, il lègue à ces deux établissements une somme de 120.000 fr. Doué d'un caractère très doux et d'une affabilité bienveillante, il était aimé de tous ceux qui l'approchaient et qui le connaissaient, des pauvres surtout dont il était un des plus généreux bienfaiteurs.

Malgré sa grande fortune, il vivait très modestement, ne songeant qu'à une seule chose, à faire le plus de bien possible ; c'est à cela qu'il a consacré sa belle et longue carrière, et son nom restera à la posterité.

On évalue à cinq millions les sommes qu'il a données pour les établissements cités plus haut, avec celles qu'il vient de léguer par son testament et les nombreux secours qu'il a prodigués aux pauvres pendant sa vie.

La ville de Corbeil se prépare à lui ériger une statue.

Le second est heureusement plein de vie et de santé ; il est à désirer que le Seigneur le conserve longtemps encore dans l'intérêt de tous ceux pour qui il est une seconde providence.

Ce bienfaiteur de l'humanité, c'est M. Ruel, le propriétaire du grand bazar de l'Hôtel-de-Ville, dans la rue de Rivoli. Depuis plusieurs années, à l'entrée de la saison rigoureuse, on voit affiché dans les quartiers du IVe arrondissement de Paris un avis ainsi conçu :

Mes chers concitoyens,

« Voici l'hiver avec son cortège de froid et de besoins. Je songe que bien des ouvriers chargés de famille ne peuvent se vêtir chaudement.

« Je viens donc vous dire comme les années précédentes, je ferai don aux ouvriers nécessiteux de mon quartier d'une grande quantité de vêtements pour hommes et pour femmes, de chaussures, couvertures, draps de lit, chemises, ainsi que du charbon et des pommes de terre.

« Pour y participer il suffit d'apporter soi-même son nom et son adresse bien lisiblement écrit, rue de la Verrerie, à la pension alimentaire.

« Après informations sommaires, il sera envoyé une carte à chaque individu indiquant les jours de la distribution.

Signé : X. Ruel.

« Les personnes qui connaissent des nécessiteux pourront me les signaler, il sera tenu compte de leur recommandation. »

Plus de trente mille francs sont ainsi distribués chaque année par cet homme généreux aux familles nécessiteuses de son arrondissement.

En outre, il a fondé un établissement, rue de la Verrerie, sous le titre de Pension alimentaire, dans lequel plus de quatre mille personnes viennent prendre leurs repas tous les jours. C'est une œuvre philantropique admirable qui a atteint le but que se proposait son fondateur, de donner aux ouvriers une nourriture substantielle et à bon marché qui ne lui rapporte qu'une seule chose, la statisfaction d'être utile à la classe laborieuse.

La population de Paris lui rend un juste tribut de reconnaissance, car de tous les quartiers de la capitale on accourt en foule dans son grand et vaste bazar où se pressent tous les jours plus de cinquante mille personnes! Faites gagner de l'argent à ce bienfaiteur de l'humanité. Plus il en gagnera, plus il en donnera aux malheureux, plus leur part sera grande.

Le troisième, c'est Mlle Camille Favre : cette généreuse bienfaitrice de l'humanité a fait don de cent mille francs pour l'établissement d'un asile de nuit pour femmes et enfants, ainsi que d'un hospice pour femmes âgées, dans le quartier populeux de la Villette, 166, rue de Crimée, qui a été inauguré le 1er février de cette année, sous la présidence de l'illustre académicien Cherbuliez.

Quand on voit des élans de charité fraternelle se produire ainsi au milieu de l'égoïsme presque général qui nous entoure, on est ravi d'admiration et de respect pour ces âmes d'élite qui sèment le bien à pleines mains, dont le nom devrait être gravé en lettres d'or sur des plaques de marbre placées sur divers points de la capitale.

Mais il n'est pas donné à tout le monde de porter l'héroïsme de la charité et de la bienfaisance à un si sublime degré. Quels exemples surtout pour cette grande capitale dans laquelle on ne veut voir trop souvent qu'une seconde Babylone, et qui n'en recèle pas moins des dévouements de charité admirables et des abnégations dont l'ardeur ne saurait se dire.

Je n'ai cité ces trois exemples que comme terme de comparaison et de différence entre ce que quelques-uns donnent si libéralement, et le peu que la loi sur le devoir et le droit social pourrait vous demander, si elle était votée.

Heureux ceux qui, au terme de la vie, s'endorment avec la pensée d'avoir été utiles à leur patrie et à leurs concitoyens.

Espérons en la sollicitude toute paternelle de l'homme honnête, du citoyen intègre, qui préside aujourd'hui aux destinées de la France, dont la figure nous est sympathique parce qu'elle est le reflet des belles qualités de son cœur et de son esprit. Il étudiera et approfondira cette question importante du bien-être des classes laborieuses qu'il aime et qu'il voudrait voir heureuses.

Et s'il a le bonheur, sous sa présidence, de faire adopter et résoudre par une loi, le grand problème de la question sociale, c'est alors que les générations présentes et futures entoureront son nom de respect et de gloire et le transmettront à la postérité la plus reculée, car il aura légué à la France un bien plus précieux que les conquêtes de Napoléon Ier, eussent-elles été durables.

Paris, impr. F. PICHON. — A. COTILLON et Cie, 30, rue de l'Arbalète, et 24, rue Soufflot.

www.ingramcontent.com/pod-product-compliance
Ingram Content Group UK Ltd.
Pitfield, Milton Keynes, MK11 3LW, UK
UKHW021206230726
13926UKWH00001B/352